Die Schildbürger

Nacherzählt und mit einem Nachwort versehen
von Matthias Reiner
Illustriert von Katrin Stangl

Insel Verlag

Insel-Bücherei Nr. 2041

Die Schildbürger

Wie die Schildbürger zu Narren wurden

Schilda gibt es nicht mehr. Ein großes Feuer legte die Stadt in Schutt und Asche, so ist es in den Chroniken vermerkt. Da alle Stadtarchivalien bei dem Brand vernichtet wurden, sind wir auf mündliche Überlieferungen angewiesen. Der historischen Wahrheit wird man dabei sicher nahe kommen können. Ob aber alle Einzelheiten stimmen, wer kann das schon sagen?

Einstmals lebten in Schilda Frauen, Männer und Kinder friedlich zusammen. Sie betrieben Viehzucht und Ackerbau, waren fleißig, gottesfürchtig und tugendsam. Es war ihr fester Wille, im Lande zu bleiben, sich nicht in auswärtige Affären und Geschäfte verwickeln zu lassen und das eigene kleine Gemeinwesen zu Wachstum und Wohlstand zu führen. Doch der Erfolg und die Klugheit der Schildbürger blieben nicht unentdeckt: Ihr Geschick machte bald die Runde in den umliegenden Städten, ja gelangte sogar bis zu den Herrschern fremder Staaten. Es dauerte nicht lange und die ersten Boten und Gesandten trafen in Schilda ein. Sie baten um Rat und Tat bei schwierigen Aufgaben, um Schlichtung bei Streitfragen. Die braven Schildbürger halfen gerne aus und wurden dafür reich belohnt, ihre segensreichen Tätigkeiten sprachen sich immer weiter herum. Bald war eine schriftliche Beratung nicht mehr ausreichend und die Fachleute aus Schilda mussten sich vor Ort einfinden an den Höfen und Tafeln der auswärtigen Fürsten und Könige. Schließlich war die gesamte männliche Bevölkerung von zu Hause »abberufen« worden. Die Frauen sollten nun die Arbeitslast alleine tragen, nicht nur Kinder aufziehen, sich um Haus und Hof und Gesinde kümmern, sondern auch die Felder bestellen, das Vieh versorgen. Das war, das wundert keinen, auf Dauer zu viel für sie, das Leben in Schilda geriet zusehends aus dem Gleichgewicht: Die Kinder waren ungehorsam und die Mägde und Knechte begehrten auf. Die Kühe brüllten, wenn sie nicht rechtzeitig gemolken wurden, und der Ertrag auf den Feldern ging stetig zurück. Da beschlossen die Frauen, dass es so nicht weitergehen könne, und nach langem Disput wurde der Beschluss gefasst, dass ein gleichlautender Brief per Boten an alle im Ausland tätigen Männer zu schicken sei. Der Inhalt ist schnell zusammengefasst, er enthielt ein Ultimatum: »Kommt unverzüglich nach Hause oder wir müssen uns anders behelfen. Die Türen zu unseren

Häusern sind für euch dann allerdings zu …« Und die Männer kehrten alarmiert heim. Als sie in Schilda eintrafen, waren sie entsetzt über die Verhältnisse, die dort herrschten. Ihre Frauen aber sagten nur: »Das habt ihr von eurer Klugheit!«

Umgehend wurde eine große Ratssitzung einberufen, da es kaum weitergehen konnte wie bisher. Würde man, nachdem man die Schwierigkeiten und Streitigkeiten so vieler Fremder gelöst hatte, auch die eigenen meistern können? Die Schildbürger dachten angestrengt nach. Die Gesandten, die schon wieder vor den Toren der Stadt warteten, schickte man weg. Wie konnte man gleichzeitig den Verpflichtungen

auswärts und zu Hause nachkommen? War ein solcher Spagat überhaupt zu schaffen? Sie redeten und tranken, aber ein schneller Schiedsspruch war nicht in Sicht. Die Schildbürger beschlossen, erst einmal schlafen zu gehen. Am nächsten Tag traf man sich wieder unter der Gerichtslinde. Viele Vorschläge wurden vorgetragen, aber ein Durchbruch konnte nicht erzielt werden.

Man wollte sich schon wieder vertagen, da sagte der Dorfälteste: »Die Klugheit war unser Verhängnis. Wir müssen nur einfach närrisch werden, dann werden die Anfragen von selbst aufhören, und wir können uns wieder unseren Familien und unserer Arbeit hier in Schilda zuwenden: Und das ist es ja, was wir eigentlich wollen!« Der Vorschlag wurde nach längeren Debatten einstimmig angenommen. Am Ende fasste ein Redner die Bedenken der Anwesenden zusammen: »Diese natürliche Narrheit wird nicht leicht zu erwerben sein!«

Der Neubau des Rathauses

Als erstes, weithin sichtbares Zeichen der neu angebrochenen Zeit sollte in der Ortsmitte von Schilda ein neues Rathaus errichtet werden. Da alle mithelfen wollten, begaben sie sich zusammen zu einem Wäldchen vor den Toren der Stadt, um Bauholz herbeizuschaffen. Das Fällen der Bäume ging ihnen noch leicht von der Hand, aber der Transport in die Stadt war ein mühseliges Unterfangen, da sich zwischen Schilda und dem Wald eine Anhöhe befand. Mit Seilen mussten die Stämme erst den Hang hinauf und dann wieder bergab geschleift werden. Beim letzten Baum löste sich unerwartet die Halterung und er rollte zum Erstaunen der Schildbürger von dem Hügel ganz von alleine zum Lagerplatz in der Stadt. »Wir sind ja bereits große Narren«, sprach einer von ihnen, »was für eine unnötige Plackerei haben wir uns zugemutet, das wäre ja viel einfacher zu bewerkstelligen gewesen!« »Es lässt sich ja noch korrigieren«, entgegnete ihm ein anderer Schildbürger, »wir müssen die Stämme nur wieder auf den Berg schaffen und können dann in aller Gemütsruhe zuschauen, wie sie leicht und ohne Mühe zu Tal rollen!« Und so geschah es. Im Anschluss belohnten sie sich für diesen Einfall mit einem großen Zechgelage.

Es sollte, das war ihr gemeinsamer Wille, ein kostengünstiger, aber dennoch besonderer Bau werden, und zwar auf dreieckigem Grundriss. Rasch wurden Steine herbeigeschafft, Mörtel angerührt und die drei

Hauptmauern hochgeführt. Ein großes Tor war vorgesehen, mit dem Bauholz wurde bald darauf ein Dachstuhl auf den Rohbau gesetzt. Eigentlich ein Grund, das Richtfest mit einer zünftigen Feier zu begehen ... Am nächsten Tag kamen die Schindeln an die Reihe, das Dach war im Handumdrehen gedeckt:

Nun hätte man das neue Rathaus ja eigentlich einweihen können, wenn nur, ja, wenn es nur nicht drinnen gar so finster gewesen wäre! Hier war guter Rat teuer, eine Sitzung wurde anberaumt – mit Fackeln und brennenden Kienspänen an den Hüten der Bürger. »Wie konnten wir nur so närrisch sein«, sprach einer, »im Dunkeln kann man im Rathaus keine Versammlungen abhalten, wir brauchen Licht!« »Nichts leichter als das«, sagte sein Nachbar, »wir holen Säcke, Eimer und andere Gerätschaften, fangen draußen das Sonnenlicht ein und tragen es dann einfach ins Rathaus.« Der Vorschlag fand allseits Billigung. Am nächsten Tag gab es vor dem Rathaus einen gewaltigen Auflauf: Alle Schildbürger waren auf den Beinen, um mit Zubern und Schüsseln, mit Körben und Kesseln, ja sogar mit Heugabeln das Licht in großen Mengen ins Gemeindehaus zu schaffen. Solange die Sonne schien, waren sie unermüdlich unterwegs und meinten am Ende zu Recht, dass sie ein ordentliches Stück Arbeit geleistet, sich nun einen Trunk verdient hätten und zogen vereint ins Wirtshaus.

Am darauffolgenden Tag nahmen sie das Ergebnis ihrer Bemühungen in Augenschein. Wie hatte das geschehen können? Das Licht war verschwunden, das Rathaus im Innern so dunkel wie vorher! Wie sollte es jetzt weitergehen? Die Schildbürger waren ratlos. Ein Handwerksgeselle, der sich auf der Wanderschaft befand, trat zu ihnen und lachte: »Ihr müsst nur das Dach wieder abdecken, dann haben die Widrigkeiten ein Ende!« »Warum ist uns das nicht eingefallen?«, dachten sie beschämt und ließen dem Gesellen eine ordentliche Belohnung zukommen.

Den ganzen Sommer über trafen sich die Schildbürger in ihrem Rathaus und freuten sich über ihr prächtiges Bauwerk. Erst als im August die ersten Gewitter aufzogen, bemerkten sie, dass der offene Dachstuhl vor dem Regen nicht schützen konnte. Und als sie die Schindeln wieder anbrachten, war auch die vermaledeite Dunkelheit zurück ... Ihr gutes Geld hatten sie umsonst ausgegeben, sie würden es wohl auch nicht wiedersehen! Bei den Versammlungen trugen sie nun Talglichter auf ihren Hüten. Da ging einem der Ratsherren die Fackel aus, er bückte sich, um den Kerzenstumpf aufzuheben. Was war das? Aus einem winzigen Mauerspalt drang ein kleiner Lichtstrahl herein! War das zu glauben? Konnte die Lösung so nahe liegen? »Wir brauchen Löcher im Mauerwerk, damit wir das Licht auch drinnen haben, wir Narren!« Ein großes Gemurmel erhob sich, nicht wenige schämten sich gar ihrer Torheit, dann aber

schlugen sie rasch Öffnungen in die Rathausmauer, möglichst jeder Schildbürger wollte sein eigenes Loch haben!

Eine weitere unangenehme Überraschung wartete auf sie beim ersten Wintereinbruch: Auch mit warmer Kleidung fror man jämmerlich im Rathaus. Ein Ofen musste dringend her! Wo aber sollte er stehen? Hinter der Türe wäre noch etwas Platz gewesen, aber den Bürgermeister, der einen Anspruch auf einen Stuhl am Ofen hatte, nun hinter die Tür setzen? Schließlich kam man überein, den Ofen draußen vor dem Fenster zu platzieren, man schlug damit gleich mehrere Fliegen mit einer Klappe: Er nahm keinen Platz im Inneren weg und der Schultheiß, wenn er sich direkt ans Fenster setzte, konnte seine Stellung als Primus inter Pares wahren. Keiner war dem Ofen näher als er. Und mit einer Schlinge, wie man sie sonst zur Hasenjagd verwendete, band einer der Schildbürger den Ofen fest ans Rathaus, auf dass die Wärme nicht sonst wohin entweichen könne …

Der Salzacker

Da nun die Zeiten unruhige waren, man aber auf Krieg und Hunger vorbereitet sein wollte, beschlossen die Schildbürger, allerlei Vorräte im Ort anzulegen, um gewappnet zu sein, wenn Schmalhans Küchenmeister werden würde. Ganz besonders lag ihnen das teure Salz am Herzen, das auch in Friedenszeiten immer knapp zu sein schien. Man brauchte es ja nicht nur als Speisewürze und Konservierungsmittel, sondern auch als Dünger für die Felder! Und da der Zucker, wenn auch fernab ihrer Heimat, auf Feldern wachse, müsse es doch mit dem Teufel zugehen, wenn man nicht auch Salz einfach anbauen könne! Also nahmen sie ihre restlichen Salzvorräte und begannen, sie im Frühjahr auf brachliegenden Flächen auszusäen. Wachen wurden aufgestellt und Vogelscheuchen, um unliebsame Überraschungen zu vermeiden. Die Vorsorge und Umsicht der Schildbürger wurde schon bald belohnt. Auf den Feldern keimte und sprießte es, die Fortschritte der Aussaat wurden von den Ratsherren regelmäßig begutachtet und hernach ausführlich besprochen. Im Wirtshaus

begann man, den zukünftigen Salzreichtum bereits scheffelweise an die Ratsherren zu verteilen ... Ein Ärgernis blieben nur die Rindviecher der Gemeinde, die sich allen Geboten widersetzten und sich an dem heranreifenden Salzgetreide gütlich taten. Die Wächter waren hilflos, denn bei einer »Jagd« auf das Vieh hätten sie wahrscheinlich auch noch die restlichen Halme auf dem Feld niedergetreten. Darauf ordnete der Stadtrat an, dass die Wächter und Hüter der Salzfelder nur von jeweils vier Trägern auf einer Art Sänfte durch die Salzwiese getragen werden dürften, damit sie mit ihren Füßen keinen Schaden anrichten könnten.

Und dann stand endlich die Ernte bevor: Das Reifen des Salzgetreides war weit fortgeschritten, es stand üppig wie Unkraut auf der Wiese. Als einer der Bauern am Feldrain ein Geschäft verrichtete, musste er mit dem Salzkraut in Berührung gekommen sein, jedenfalls verspürte er ein Brennen am Gesäß, zog sich rasch seine Hose an und rannte ins Dorf: »Das wird eine Delikatesse, eine wahre Delikatesse, es ist jetzt schon so scharf und beißend!« Also zog ganz Schilda mit Wagen und Sensen und Dreschflegeln aufs Feld, um die Feldfrucht einzubringen. Handschuhe hatte keiner dabei, es war ja Hochsommer, und man verbrannte sich ordentlich die Pfoten. Das konnte den Ernteeifer und die Freude aber nicht mindern. Wer hätte da den Mut aufgebracht, den stolzen Salzherren zu sagen, dass sie nur Unmengen von Brennnesseln in die Scheuern fuhren?

Halb zu Fuß, halb zu Pferde

Die Narreteien der Schildbürger waren mittlerweile bis zum Kaiser gedrungen und er ließ ihnen seinen Besuch in der Stadt ankündigen. Er war verwundert über das, was er von ihnen gehört hatte, denn er selbst hatte sie früher als Ratgeber schätzen gelernt. Konnten diese Gerüchte über die neuesten, haarsträubenden Dummheiten der Schildbürger tatsächlich wahr sein? Was war da vorgegangen? Am besten, er machte sich vor Ort selbst ein Bild. Sein berittener Bote verkündete den Dorfbewohnern, dass er ihre Privilegien gerne fortschreiben wolle, wenn er sie besuche. Sie sollten ihm bitte »halb geritten, halb gegangen« entgegenkommen und auf seinen Willkommensgruß gerne mit einem Reim antworten. Dann werde man weitersehen.

Diese Botschaft versetzte die Schildbürger in helle Aufregung. Wie war das zu verstehen? Dass der Kaiser großmütig gemeint haben könnte, dass die, die ein Pferd besäßen, ihn »geritten« empfangen sollten und die anderen halt zu Fuß, kam ihnen nicht in den Sinn. Und wie konnte man einen Reim parat haben, wenn man die Ansprache des Kaisers gar nicht kannte? Seine Gnade wollten sie nicht gerne verlieren. Eine weitere Ratssitzung wurde anberaumt, dort wurde zum nächstmöglichen Zeitpunkt ein Reimwettbewerb ausgelobt. Der Sieger solle hernach Bürgermeister werden und dem Kaiser im Namen der Bürgerschaft mit einem gereimten Willkommensgruß, der Schilda Ehre mache, antworten. Alle gingen sehr nachdenklich nach Hause. Schultheiß wäre jeder gerne geworden, aber woher einen Reim nehmen?

Die Wahl des Bürgermeisters

Der Schweinehirt lag in seinem Bett und wälzte sich hin und her. Seine Frau fragte ihn nach dem Grund seiner Unruhe. »Wer den besten Reim vortragen kann, wird zum neuen Schulzen des Ortes gewählt«, sagte er, »aber mir will ums Verrecken keiner einfallen.« »Was gibst du mir, wenn ich dich einen schönen Reim lehre?« »Wenn ich dadurch Schultheiß werde, dann bekommst du einen neuen Pelz!« Und Frau Bürgermeisterin werde ich obendrein, dachte sie und deklamierte dieses Gedicht:

»Ihr lieben Herrn, ich tret' herein,
meine Hausfrau heißt Kathrein,
sie hat ein Maul wüst wie ein Schwein
und trinkt gern guten, kühlen Wein.«

Das musste der Schweinehirt nachsprechen und auswendig lernen. Auch die anderen Schildbürger waren über Nacht nicht müßig gewesen. Hier einige Kostproben aus dem Reimwettstreit im Rathaus:

»Ich bin nur ein rechtschaffener Bauer
und lehn den Spieß an die Wand.«

»Man sagt, ich hab' einen schweren Kopf
und sei ein arger, loser Schelm.«

»Ihr Herrn, ich möchte gern Schultheiß sein,
drum kam ich heut' zu euch hierher.«

Endlich kam auch der Schweinehirt an die Reihe und ließ vernehmen:

»Ihr lieben Herrn, ich tret' hierher,
meine Hausfrau, die heißt Katharin,
sie hat eine Gosche wie eine Sau
und trinkt gern guten, kühlen Most.

Das gab den Ausschlag, das war der richtige Mann, dem Kaiser zu antworten. Einstimmig wählten die Ratsherren den Schweinehirten zum Bürgermeister. Rasch begab er sich nach Hause, um seiner Frau die frohe Botschaft mitzuteilen. Ein Sauhirt war er die längste Zeit gewesen, er spürte vielmehr bereits die Bürde der Verantwortung für das Gemeinwesen und den bevorstehenden Kaiserbesuch.

Der neue Pelz

Bald darauf fragte die Bürgermeistersfrau ihren Gatten, wann er denn gedenke, sein Versprechen einzulösen? Also fand er sich im Laden des Kürschners ein, um ihn zu fragen, ob dies der Ort sei, an dem Bürgermeistersfrauen ihre Pelze erwerben würden, denn er sei, falls er es noch nicht erwähnt habe, der neue Ortsvorsteher. Der Kürschner, der merkte, dass dem vormaligen Sauhirten sein neues Amt bereits zu Kopf gestiegen war, riet ihm, in diesem besonderen Fall am besten den Böttcher aufzusuchen, der sicher weiterhelfen könne. Der Böttcher erklärte sich aber für nicht zuständig und verwies ihn an den Schreiner. Und so ging es weiter zum Sattler, Fischer, Buchhändler usw. Schließlich bot ihm der Lebkuchenbäcker an, ihm einen Pelz aus Lebzelten zuzuschneiden. Wenn er seiner Frau nicht passe, so könne man ja jeden Morgen ein Stück zusammen essen? Dem Bürgermeister rauchte der Kopf. Viel lieber hätte er seine Gedanken für die Angelegenheiten seiner Kommune verwendet. Am Ende kaufte er den Pelz doch beim Kürschner und trug ihn stolz nach Hause. Die Schultheißin betrachtete sich ausgiebig damit im Spiegel und beschloss, ihn am kommenden Sonntag der Kirchengemeinde zu präsentieren.

In der Nacht weckte sie ihr Mann mehrmals und fragte: »Mit wem liegst im Bett?« Ihre knappe Antwort lautete: »Mit dir natürlich!« Der Schultheiß korrigierte sie: »Du liegst – verdammt – mit dem Bürgermeister von Schilda im Bett!«

In die Kirche kamen sie wegen der langen Anprobe des Pelzes zu spät, die Predigt war schon zu Ende und alle erhoben sich. Die Frau des Bürgermeisters meinte, es geschähe ihr zu Ehren, und sagte: »Wegen mir müsst ihr nicht aufstehen. Ich habe die Zeiten nicht vergessen, an denen ich ähnlich ärmlich gekleidet war wie ihr, also setzt euch ruhig wieder auf eure Hintern.« Dass die Predigt so kurz war, lag daran, dass der Pfarrer vergessen hatte, welcher Teil des Evangeliums an diesem Sonntag dran war. Man verständigte sich deshalb darauf, die Kirche zügig zu verlassen und sich an einen anderen Ort zu begeben, wo man die Gepflogenheiten besser kannte und den Besuch des Kaisers weiter besprechen könnte: ins Wirtshaus.

Der Kaiser zu Besuch

Beim Schreiner des Ortes hatten die Schildbürger Steckenpferde in Auftrag gegeben. Nach langem Palaver im Wirtshaus war man übereinstimmend zu der Auffassung gelangt, dass so die Maßgabe des Kaisers, »halb geritten und halb gegangen«, wortgetreu zu erfüllen sei und man ihn nur so gebührend empfangen könne. Auf ihren Holzponys zog das Empfangskomitee dem Besucher und seinem Gefolge entgegen, alle waren mitgekommen. Am ersten Misthaufen gab es eine kurze Unterbrechung: Der Schultheiß hatte sich am Vorabend mit saurer Buttermilch den Magen verdorben und musste sich »erleichtern«. Der Kaiser war zwischenzeitlich schon herangekommen, und so sprang der Schultheiß rasch auf den Misthaufen und rief: »Seid uns herzlich willkommen, Junker Kaiser!« »Vielen Dank, du mir auch!«, antwortete der hohe Gast und schüttelte dem Ortsvorsteher die Hand. Da der Schultheiß, den richtigen Reim schon auf den Lippen, nicht antworten konnte, mit der einen Hand hielt er seine Hose fest, die andere wurde vom Kaiser in Beschlag genommen, den Hut hatte er

zwischen den Zähnen, sprang ein anderer hervor, um die Ehre der Schildbürger zu retten: »Der Schultheiß ist ein rechter Narr!« Der Kaiser lächelte gütig, man ritt nun gemeinsam nach Schilda zurück und schon unterwegs begannen sie, ihm von ihren jüngsten Abenteuern beim Rathausbau und auf dem Salzacker zu erzählen.

Der Kaiser, den man mit Gold und Silber kaum hätte beeindrucken können, sollte als feierliches Geschenk einen großen irdenen Topf mit frisch angerührtem Senf überreicht bekommen. Aber die Träger des Präsents passten nicht auf, setzten den Topf so hart auf dem Boden auf, dass er zersprang und der Senf herauslief. Der Schultheiß schimpfte gewaltig über das Malheur, fuhr mit seiner Hand in den Senf und fragte den Kaiser, ob er nicht wenigstens eine kleine Handvoll von dem köstlichen Mostrich kosten wolle? Das sei sehr freundlich, sagte der Kaiser, aber er sei nun schon gesättigt und im Übrigen könne man schon am Geruch erkennen, dass der Senf vorzüglich gelungen sei.

Am folgenden Tag luden die Schildbürger den Kaiser zu einem Abendessen ein. Zunächst gab es Karpfen, den Abschluss des Mahls bildete eine große Schüssel mit frischer kalter Buttermilch. Darin schwammen Brotstücke – für die Schildbürger aus Schwarzbrot, für den Kaiser hingegen aus Weißbrot. Da trug es sich zu, dass einer der Bauernburschen einen weißen Semmelbrocken erwischte und in den Mund steckte. Der Schultheiß hieb ihm mit seinem

Löffel derb auf die Finger und sprach: »Sollst du des Kaisers Brot fressen?« Der Flegel holte rasch das Brot aus dem Mund und legte es zurück in die Schüssel. Der Kaiser wischte seinen Löffel ab, lächelte wieder und schenkte ihnen den Rest der Speise zum Verzehr.

Er war eigentlich länger in Schilda geblieben, als er

beabsichtigt hatte, musste nun aber wieder zu seinen Reichsgeschäften zurückkehren. Der Kaiser dankte den Schildbürgern für den überaus freundlichen Empfang in ihrem Städtchen und überreichte seinen treuen Untertanen zum Abschluss ein gesiegeltes Dokument, das ihnen weiterhin sein Wohlwollen zusicherte, ihre Freiheitsrechte verbriefte und höchstkaiserlich verbot, dass ihr Tun und Treiben andernorts verlacht oder verspottet werde.

Als die Schildbürger ihre eigenen Beine nicht wiederfanden

Da der Kaiser ihnen zum Abschied ein paar Reichstaler aus seiner Schatulle als Geschenk hatte zukommen lassen, beschlossen die Schildbürger, umgehend auf ihren Steckenpferden ins nächste Dorf zu reiten, um im dortigen Wirtshaus zumindest einen Teil des Geldes wieder auszugeben. Mit vollen Bäuchen und schweren Köpfen zogen sie danach hinaus auf eine Wiese, um sich »wie die feinen Junker« auszuruhen. Vorher erwarben sie von dem Restgeld noch einige Krüge Wein und Proviant und ließen es sich wohl sein bis in den frühen Abend. Als sie aufbrechen wollten, bemerkten sie jedoch mit Schrecken, dass sie ihre eigenen Beine nicht wiederfinden konnten! Sie hatten ja alle die gleichen Hosen an und ihre Beine waren überdies bei dem Zechgelage ganz durcheinandergeraten! Ängstlich und voller Misstrauen beäugten sie ihre Nachbarn: Es würde doch nicht ein anderer mit ihren Beinen davonlaufen? Zum Glück kam ein Fremder vorbei, dem sie ihre Nöte schilderten. Er möge ihnen doch bitte ihre Füße und Beine wieder besorgen, gerne versprächen sie ihm für diesen Dienst einen ordentlichen Lohn. Nichts leichter als das, antwortete der Mann, schnitt eine kräftige Rute vom nächsten Strauch ab und hieb mit Verve auf die Beine der Schildbürger ein. Wen er traf, der sprang sehr schnell auf und hatte seine Beine glücklich wiedergefunden. Am Schluss saß nur noch einer auf der Wiese, der rief: »Lieber Herr, bitte gebt auch mir meine Beine zurück, es soll Euer Schaden nicht sein!« Da zog ihm der Reiter eines über, dass die Gerte knackte. Er empfing den versprochenen Obolus und die Zecher kehrten einträchtig nach Schilda zurück. Die Schildbürger schworen sich aber hernach, künftig besser auf ihre Beine aufzupassen.

Der Haustausch

Beim Tauschen kann man mitunter guten Gewinn machen, sagten die Schildbürger, die es sich einmal mehr beim Wein gutgehen ließen. Die kaiserlichen Gulden waren ja immer noch nicht aufgebraucht. Und wenn der Wein ordentlich zu Kopfe gestiegen ist, dann macht sich bekanntlich der Verstand auf die Socken.

Zwei von ihnen beschlossen, einfach ihre Häuser zu tauschen, der Gewinn läge ja auf der Hand! Da die Häuser zu diesen Zeiten noch nicht so groß und unverrückbar gebaut waren, war die Umsetzung der

Idee zwar mühevoll, aber nicht unlösbar. Der, der ganz oben im Dorf wohnte, begann sein Häuschen abzubrechen, schaffte die Baumaterialien ans entgegengesetzte Ende von Schilda, wo der andere Schildbürger sein Zuhause hatte, und errichtete sein Haus dort neu. Der andere tat es ihm nach, so dass zu guter Letzt jeder sein Haus behalten hatte, aber an einem neuen Ort wohnte: Und über den Zugewinn freuten sich beide närrisch!

»Ein Wort gibt das andere«

Der Schultheiß hatte einen Sohn, der längst im heiratsfähigen Alter war, aber zum Leidwesen seiner Eltern noch keine »passende« Frau gefunden hatte. »Am besten«, sagte sein Vater, »wäre es, wenn du dich in die Spinnstuben begäbest, dort wirst du sicher ein Mädchen sehen, das dir gefällt.« »Aber was soll ich denn mit denen reden«, entgegnete der Sohn, »mir fällt gar nichts ein.« »Das kann so schwer nicht sein«, warf die Mutter ein, »ein Wort gibt das andere, alles ergibt sich wie von selbst.«

Also marschierte der brave Bursche in die Spinnstuben, und jedes Mal, wenn ihn ein Mädchen etwas fragte, antwortete er stoisch: »Ein Wort gibt das andere.« »Der ist aber maulfaul, wahrscheinlich hat er auch seine liebe Not, etwas anderes hinzubekommen«, flüsterten die Mädchen und beachteten ihn nicht weiter.

Nur die Tochter des neuen Schweinehirten ließ sich nicht abschrecken. Und so nahm er seinen ganzen Mut zusammen und fragte, ob er sie nach Hause begleiten und bei ihr schlafen dürfe. Wenn sie darü-

ber drei Tage Stillschweigen bewahren könne, dann wolle er sie anschließend zum Traualtar führen. Das Mädchen war einverstanden und dachte: »Es gibt Schlechteres für eine Schweinehirtentochter, als Schwiegertochter des Bürgermeisters zu werden.«

Am nächsten Morgen stand sie früh auf und bat ihre Mutter, dieses Mal das Melken der Kühe zu übernehmen: »Der Sohn des Bürgermeisters liegt in meinem Bett, er will mich heiraten!« Der hörte es in der Kammer sehr wohl, sagte aber nichts. Am nächsten Tag jedoch suchte er sich ein in seinen Augen vornehmeres Mädchen aus und ließ gleich die Hochzeit ausrufen. Seine Eltern freuten sich, dass ihr Sohn nun doch noch unter die Haube kam, und so traf man sich schon bald in der Kirche. Die Frauen zogen mit der Braut ein, die Männer gleich hinterdrein mit dem Bräutigam. Gestört wurde die Zeremonie nur von der Tochter des Schweinehirten, die hereinplatzte, wüst schimpfte und den Schultheißensohn beschuldigte, sein Eheversprechen gebrochen zu haben. Doch man wies das Mädchen ab und die Trauung konnte vollzogen werden.

Die Brautmutter hatte ihre Tochter vor dem Festessen streng ermahnt, sich anständig zu benehmen: nicht mit vollem Munde zu sprechen, die Speisen nicht mit der ganzen Hand zu greifen, die Finger nicht abzuschlecken und die Knochen nach dem Essen auf den Tisch neben den Teller zu legen. Das Mädchen befolgte brav alle Ratschläge: Beim Reden hielt sie den Mund mit der Hand zu, die Erbsen klaubte sie einzeln mit zwei Fingern aus der Schüssel und

fragte danach, wer ihr denn nun die Finger abschlecke. Und nach dem Essen legt sie ihre eigenen Beine links und rechts neben den Teller (statt der abgenagten Hühnerbeine, die ihre Mutter gemeint hatte) und ließ einen gewaltigen Wind fahren, dass davon die Lichter im Saal ausgegangen sein sollen ... Der Festlichkeit tat das keinen Abbruch und bald wurden die Brautleute mit großem Gejohle vor ihre Hochzeitskammer geleitet. Als sie hernach zusammen im Bett lagen, fragte die Frau ihren Angetrauten, was denn die Tochter des Schweinehirten in der Kirche gemeint habe. Erst wollte er nicht mit der Sprache heraus, aber dann musste er es ihr doch erzählen, sonst hätte die Brautnacht womöglich eine unerfreuliche Wendung genommen.

»Was für eine Närrin«, sprach die Frischvermählte, »nicht mal drei Tage konnte sie schweigen, die dumme Person. Ich habe zwei Jahre bei den Knechten meines Vaters gelegen, aber bis heute habe ich es keinem gesagt außer jetzt dir!«

Die Kuh auf der Mauer

Von einem Abbruchhaus war nur eine Mauer stehen geblieben und die Schildbürger überlegten, ob sie die restlichen Steine für den Neubau eines anderen Gebäudes verwenden könnten. Da stellten sie fest, dass hoch oben auf der Mauer fettes grünes Gras wuchs. Sollte man es ungenutzt dort verderben lassen? »Das kann sich unser Gemeinwesen eigentlich nicht leisten«, sprachen sie und sannen auf eine Möglichkeit, dieses wertvolle Futter doch noch einer Nutzung zuzuführen. Allein die Mauer war zu hoch, als dass einer von ihnen hätte heraufsteigen und es mit einer Sense hätte abschneiden können. »Wie wäre es«, sagte ein anderer, »wenn wir eine Kuh dort hinaufbrächten und ihr ein gutes Zubrot verschafften?« Der Vorschlag sorgte für beifälliges Gemurmel. Eine Kuh trottete heran, man befestigte einen Strick an ihrem Hals und warf ihn über die Mauer. Und die Schildbürger begannen, das arme Fleckvieh mit vereinten Kräften emporzuziehen zu dem saftigen Weideland. Als sich die Schlinge um ihren Hals zuzog, begann die Kuh zu würgen, streckte in ihrer Not die Zunge weit heraus. Ein Schildbürger rief: »Zieht, noch einmal, zieht! Sie hat das Gras schon gerochen ...« Doch die Anstrengung war umsonst, sie bekamen das Tier nicht hinauf auf die Mauer. Es war zu schwer und als die Schildbürger das Seil endlich losließen, war das Gras nicht geerntet, aber die Kuh tot. Die Narren ließen sich davon nicht die Laune verderben, man konnte ja jetzt ein großes Schlachtfest feiern.

Ungelegte Eier

Schon in Schilda kursierte das Sprichwort, dass man die Rechnung nicht ohne den Wirt machen solle: Eine Schildbürgerin, die nur eine Henne besaß, hatte fleißig Eier gesammelt. Mit einem großen Korb auf dem Weg zum Markt, wo sie die Ware für drei Groschen zu veräußern hoffte, überlegte sie: »Von den drei Groschen lege ich mir zwei neue Legehennen zu, dann werde ich künftig die dreifache Menge an Eiern zur Verfügung haben. Vom Zusatzerlös kaufe ich drei weitere, da kann ich dann gelegentlich sogar mal selbst

ein Ei essen. Die jungen Hühner können dann brüten, die Küken kann ich verkaufen und vom Fleisch der alten Hennen erwerbe ich Gänse.

Mein Verdienst vermehrt sich weiter, er wird es mir ermöglichen, noch eine Ziege zu kaufen, die bekommt dann Zicklein und die Ziegenwolle kann man auch unter die Leute bringen. Der nächste Schritt wird das Halten von Schweinen sein.« Bilder von Speckseiten und fetten Würsten zogen vor ihrem Auge vorbei. Die Anschaffung einer Kuh wäre der nächste Schritt. Mit dem Mist könne man einen Acker fruchtbar machen. »Dann werde ich Korn anbauen, Pferde und Schafe dazunehmen, das Anwesen erweitern, Gesinde einstellen. Und einen Mann will ich mir auch suchen, mit dem lebe ich dann in Freude und Eintracht und mein bisheriges kärgliches Dasein hätte eine Ende!«

Voller Vorfreude begann sie auf dem Feldweg zu jubeln, schwenkte ihre Arme mit dem Korb wild durch die Luft. Jäh wurde sie aus ihren Träumen gerissen, als sie neben sich das hässliche Geräusch von im Dreck zerbrechenden Eiern vernahm. Wer Lust hat, die Reste aufzusammeln, kann sich danach als Ehemann bei ihr bewerben.

Noch ein Schlachttag

Die Schildbürger besaßen ein Schwein, das sie gut füttern und mästen wollten. Als es aber in einer Scheune dabei überrascht wurde, die Hafervorräte der Gemeinde zu vertilgen, da verklagten sie es, saßen über den Fall zu Gericht und verurteilten es schließlich zum Tode.

Neben Schinken und Bratenstücken sollten beim Schlachten auch Würste gefertigt werden. Sie mischten Blut, Speck und Innereien, wuschen die Därme und füllten sie mit der gewürzten Wurstmasse. Am Ende hatten sie eine einzige Wurst, die maß über zwanzig Meter! Als sie sie aber kochen wollten, gab es in ganz Schilda keinen Topf, in den sie passen wollte. Denn die Narren waren der Ansicht, der Topf müsse mindestens so lang sein wie die Wurst …

Einer der Schildbürger ging darob missmutig seines Weges, da begegnete ihm eine Schar Gänse. Ängstlich schrien sie: »Gigach, gigach!« Er aber vermeinte zu hören: »Zweifach, zweifach!« Schnurstracks kehrte er um und sprach zu den Anderen: »Es ist doch peinlich, dass uns Gänse darüber belehren müssen, wie die Wurst zu kochen wäre! Wir legen sie einfach zweifach, dreifach usw. in den Topf, dann wird sich schon ein Behältnis bei uns finden, in dem wir die köstliche Wurst garen können. Und so geschah es. Nach dem Kochen musste jeder Schildbürger einen Zipfel der Wurst in den Mund nehmen und festhalten. Ein anderer wickelte ihm die Riesenwurst dreimal um den Hals, hernach durfte er abbeißen und seinen Teil behalten. Das wurde in Schilda zum Sprichwort: »Man muss dir eine Wurst braten, die dir dreimal ums Maul geht!«

Der flüchtige Mühlstein

Die Schildbürger hatten eine neue Mühle gebaut. Nun fehlte nur noch ein Mühlstein. Den fanden sie in einem nahe gelegenen Steinbruch, schlugen ihn grob zu und trugen ihn unter großen Mühen bergab in den Ort. Da sprach einer: »Erinnert ihr euch noch an das Bauholz für unser Rathaus? Was sind wir doch für immerwährende Narren! Wir hätten doch auch den Stein einfach den Berg hinabrollen lassen können, da hätten wir uns viel Arbeit erspart.« Also wuchteten sie den Mühlstein mit vereinten Kräften wieder den Berg hinauf. Da sprach ein Anderer: »Wie können wir eigentlich wissen, wohin der Stein rollt? Drunten ist ja niemand, der es uns sagen könnte.« Der Schultheiß hatte die Antwort parat: »Einer von uns muss seinen Kopf durch das Loch in der Mitte des Mühlsteins zwängen und mit ihm den Berg hinablaufen.« Sie bestimmten rasch einen geeigneten Begleiter und der Transport konnte beginnen.

Am Fuße der Anhöhe befand sich aber ein großer und tiefer Fischweiher. Da hinein rollte der Mühlstein mitsamt dem armen Gesellen, der jämmerlich ertrank. Als die Schildbürger im Ort zurück waren, fanden sie weder Stein noch Mensch. Wie konnte das zugehen? Und sie ließen deshalb in allen umliegenden Ortschaften Anschläge anbringen, auf die sie schrieben: »Wo sich einer mit einem Mühlstein am Halse blicken lässt, soll er umgehend festgesetzt werden, denn er hat sich am Eigentum der Stadt Schilda vergangen!«

»Ob ihr Mann heute Morgen noch seinen Kopf gehabt hätte?«

In der Nähe von Schilda floss ein Bach vorüber, an dessen Ufer ein prächtiger Nussbaum stand. Dessen Äste reichten fast hinab bis zum Wasser. Da sprachen die Schildbürger: »Das ist ja grausam, nicht mit anzusehen: Er neigt sich mit Kräften zum Wasser, kann aber nicht trinken. Kann hier nicht Abhilfe geschaffen werden?« Und sie banden ein Seil in der Baumkrone fest, stellten sich ans andere Ufer und zogen. Schließlich musste noch einer von ihnen in den Baum klettern, um den Wipfel vollends ins Wasser zu bekommen.

Da riss das Seil, der Baum schnellte zurück und ein kräftiger Ast enthauptete den wackeren Schildbürger. Der Kopf fiel ins Wasser und wurde davongetragen, der Torso des Mannes lag unter dem Baum, die Schildbürger standen starr vor Schrecken. Was war hier geschehen? Ein rasch einberufener Rat vor Ort sollte Klarheit schaffen. »Hatte der Mann noch seinen Kopf, als er auf den Baum stieg?« Keiner konnte es mit Sicherheit sagen. Der Schultheiß vermutete, dass er schon kopflos auf den Nussbaum gestiegen sei, denn er habe ihm mehrfach zugerufen, aber keine Antwort erhalten. Wenn einer nicht höre, so habe er keine Ohren. Und wenn er die nicht habe, dann sei wahrscheinlich, dass auch kein Kopf da gewesen sei. Denn die Ohren säßen ja bekanntlich am Kopfe.

Um sich Gewissheit zu verschaffen, beschlossen sie, seine Frau zu befragen, ob er morgens beim Aufstehen noch seinen Kopf auf den Schultern gehabt habe. Sie sagte, sie wisse es leider auch nicht. Nur am letzten Samstag, so viel sei sicher, sei der Kopf noch dran gewesen, denn sie habe ihn ihrem Mann gründlich gewaschen. Seither habe sie nicht weiter darauf geachtet. »Aber an der Wand dort«, sagte sie, »hängt sein Hut. Wenn der Kopf da nicht drinsteckt, dann wird er ihn wohl mit nach draußen genommen haben.« Im Hut befand sich kein Kopf, das Rätsel blieb ungelöst.

Das Leihgeschäft

Zwei Schildaer Bauern waren Nachbarn. Eines Morgens in aller Herrgottsfrühe klopfte der eine sacht an das Fenster des angrenzenden Hauses. Noch faul auf dem Strohsack am Ofen dösend, rief der Mann aus seiner Bettstatt heraus: »Wer ist da?« »Ich bin es, dein Nachbar«, sagte der Bauer, »wo bleibst du denn?« Der in der Stube rief nun zurück: »Ich schlafe noch, was ist denn los?«

»Ich wollte mir deinen Wagen leihen, aber wenn du noch schläfst, dann komme ich später wieder.« »So soll es sein«, brummte der andere und sank zurück ins Kissen. In Schilda hieß es von diesem Tage an: »Wenn einer im Bette liegt, dann schläft er auch.«

Die Rettung der Glocke

Die Anzeichen mehrten sich, dass Schilda nicht von herannahenden Kriegswirren verschont bleiben sollte. Und so wurden die wackeren Schildbürger nicht müde, Überlegungen anzustellen, wie sie ihr liebgewonnenes Hab und Gut vor den Raubzügen und Plünderungen der marodierenden Truppen schützen könnten. Besonders besorgt waren sie um ihre Rathausglocke, die von den Feinden eingeschmolzen und zur Verfertigung von Waffen missbraucht werden könnte. Der Stadtrat verabschiedete rasch ein Dekret, wonach die Glocke umgehend im See zu versenken sei. Von dort könne man sie nach Ende der Kriegshandlungen hervorholen und wieder ihrem angestammten Platz im Herzen der Stadt zuführen. Eine Delegation von Ratsherren fuhr bereits am nächsten Morgen, zusammen mit dem Fischer des Ortes, in einem großen Kahn auf den See hinaus. Als sie die Glocke aber gerade herablassen wollten, da fragte einer unter ihnen: »Wie sollen wir sie denn in diesem großen See wiederfinden?« »Das wird keine Schwierigkeit sein«, sagte der Schultheiß. Er nahm

ein Messer aus seiner Tasche und kennzeichnete die Stelle, an der sie die Glocke über Bord gehen ließen, mit einer markanten Kerbe im Bootsrand. »Genau hier, an dieser Stelle, werden wir sie wiederfinden!«

Der Krebs vor Gericht

Ein harmloser Krebs, vielleicht war es auch eine Krabbe, hatte sich nach Schilda verirrt. Als man ihn entdeckte, gab es sofort einen großen Auflauf: Ein solches Tier hatte keiner je gesehen. So viele Beinpaare und vorwärts, rückwärts und seitwärts lief es auch noch! Unverzüglich wurde Alarm geläutet und eine ordentliche Ratsversammlung mit Ortstermin einberufen. Die Schildbürger versammelten sich um das Fabelwesen, starrten es lange an und fragten sich: »Was ist das? Was soll nun mit diesem Tier geschehen?«

Endlich ließ sich der Schultheiß vernehmen: »Es wird wohl ein Schneider sein, es trägt ja zwei Scheren mit sich herum.« Um hierfür einen Beweis zu bekommen, setzten die Schildbürger den Krebs auf ein großes englisches Tuch, aus dem sie sich ihre Umhänge machen ließen. Der Krebs lief hin und her und einer unter ihnen folgte seinen Bewegungen mit der Schere in der Hoffnung, der Krebs entwerfe ihnen ein meisterliches Schnittmuster. Am Ende war aber der Stoff jämmerlich zugerichtet und zu nichts mehr nütze. Da trat ein anderer nach vorne und sprach: »Ich habe einen Sohn, der weit herumgekommen ist. Wenn es einer wissen kann, was das für ein Tier ist, dann er!« Man bat den Sohn eilig hinzu, der schaute den Krebs lange von allen Seiten an und sagte schließlich: »Ich hab viel gesehen, aber so ein Tier ist mir noch nicht untergekommen. Wenn ich es aber benennen sollte, so würde ich sagen, es muss entweder eine Taube, ein Storch oder ein Hirsch sein.« Als nun ein anderer Schildbürger den Krebs anfassen wollte, erwischte ihn der mit einer seiner Scheren, und der Bauer fing gleich an zu schreien und um Hilfe zu rufen.

Nun hatten sie einen Namen für das Tier: »Mörder, Mörder!« Ein Beschluss der Ratsversammlung, besser: ein Gerichtsurteil, musste her. Und das lautete nach kurzer Beratung: Niemand wisse, um was für

ein Tier es sich handele, aber ein Betrüger sei es allemal, da es sich für einen Schneider ausgegeben habe, ohne einer zu sein. Gefährlich sei es außerdem, Mordabsichten habe es gezeigt, die gerechte Sühne könne nur lauten: Tod durch Ersäufen. Man legt den Krebs auf ein großes Holzbrett, damit er nicht weiteres Unheil anrichten könne, trug ihn in feierlicher Abordnung zum nahe gelegenen See und warf ihn hinein. Man sah ihn noch einmal zappeln und die Schildbürger sprachen unter Tränen: »Seht doch, welch eine fürchterliche Todesqual!«

Kriegsdienst

Nun begab es sich aber, dass der Kriegslärm noch näher an Schilda heranrückte, und es erging die Order, dass auch die Schildbürger Rekruten zu stellen hätten. Einer von ihnen rückte also in die nächstgelegene größere Stadt ein, um sich dort bei der Truppe einzufinden. Auf der Brücke vor dem Stadttor begegnete er dem Kuhhirten mit seiner Herde. Als ihn eine der Kühe mit dem Horn streifte, zog er, sich bereits im Nahkampf wähnend, ein Messer und brüllte: »Trau dich und stoß mich noch einmal!« Das Vieh würdigte ihn aber keines Blickes und trottete weiter. Der Schildbürger sah nun am Straßenrand ein Stück Metall liegen, wohl von einem geharnischten Brustpanzer oder Ähnlichem stammend, hob es auf, trat in einen Schneiderladen und befahl dem Meister, es ihm umgehend unter das Wams in Höhe des Herzens zu nähen, um gewappnet zu sein für kommende Kriegshändel.

Als seine Schar am nächsten Tag einen Ausfall aus der Stadt probte, um bei den umliegenden Bauern »Proviant zu machen«, geriet unser Kriegsknecht aus

Schilda unversehens in einen Hinterhalt: Die Bauern wollten ihre Hühner und Ziegen nicht kampflos abgeben und wehrten sich ihrerseits mit Hellebarden und Mistgabeln. Der Rekrut stürmte davon, blieb aber beim Sprung über einen Zaun jämmerlich hängen und die tollwütigen Bauern begannen, ungestüm auf ihn einzustechen. »Donnerwetter«, dachte der Schildbürger, »ich spüre ja gar keinen Schmerz«, und sah zu, dass er davonkam. In der Etappe untersuchte er seine Hose dann genauer und stellte überrascht fest, dass der Schneider das Metallstück an seinem Hinterteil eingenäht hatte! »Gott sei Dank, dass er mir diesen Schneider geschickt hat! Er wusste besser als ich, wo ein wackerer Schildbürger sein Herz hat.«

Schulstunde

Man soll einen Baum biegen, wenn er noch jung ist: Diese Weisheit wollte auch ein Schildbürger beherzigen und führte seinen Sohn zur Schule des Ortes. Er kaufte ihm vorher ein Paar Schuhe für immerhin achtzehn Groschen und trat dann mit ihm zusammen in die Schulstube ein. »Was kann er denn schon?«, fragte ihn der Schulmeister, um herauszufinden, wohin er den Eleven stecken solle. »Nichts«, erwiderte der Vater, » er kann noch nichts, er ist ja gerade mal dreißig Jahre alt geworden.« »So alt«, erstaunte sich der Schulmeister, »und noch nichts gelernt?« »Zum Teufel!«, rief der Vater, »was kann man schon in dreißig Jahren lernen? Ich bin über fünfundsechzig Jahre alt und hab auch nichts gelernt!« »Es wird nicht leicht«, sagte der Lehrer, »ihm nun noch etwas beizubringen.«

Unterdessen hatte sich die Tür einer Schulstube geöffnet und man sah, wie der Hilfslehrer einen Knaben kräftig mit der Rute züchtigte. »Vielleicht«, murmelte der Vater, »muss mein Sohn gar nicht so gelehrt werden, das liegt bei uns gar nicht in der Familie. Es reicht doch, wenn er mit einem Stock gut umgehen kann wie der da …« »Wir werden in jedem Fall unser Bestes geben«, sagte der Schulmeister. »Gut, aber macht es kurz mit ihm, ich gehe einstweilen mein Pferd beim Hufschmied abholen, danach nehme ich ihn wieder mit und entlohne dich für die Mühe.«

Der Maushund

In Schilda gab es viele Mäuse, aber keine Katzen. Die Nager vermehrten sich rasch und weder Mehl noch Brot waren vor ihnen sicher. Eines Tages kehrte ein Wanderer im Dorfkrug ein, der trug eine Katze auf dem Arm. Der Wirt wollte von ihm wissen, was für ein Tier das sei. »Ein Maushund«, antwortete lakonisch der Geselle.

Da die Mäuse in Schilda keine natürlichen Feinde hatten, waren sie träge, unvorsichtig und fast handzahm geworden. Der Maushund hatte wenig Mühe, viele von ihnen schon am ersten Tag zu fangen. Ganz Schilda staunte und man ließ seitens der Gemeinde anfragen, ob der Mann nicht den Maushund verkaufen wolle? Der Mann zögerte, eigentlich wolle er das Tier gar nicht verkaufen, wenn es hier am Ort aber so nötig sei, könne er es für hundert Gulden abgeben.

Die Schildbürger waren froh, dass er nicht mehr gefordert hatte, zahlten ihm die Hälfte der Summe gleich in bar aus und vereinbarten, ihm den Rest innerhalb des nächsten halben Jahres zu erstatten. Der Wandersmann setzte die Katze in der Burg ab, in der sich die Getreidespeicher des Ortes befanden. Dort würde sie gute und schnelle Arbeit verrichten können. Im Stillen fürchtete er, die Schildbürger würden ihre Narretei rückgängig machen, also sah er zu, eilends fortzukommen. Und ängstlich schaute er sich immer wieder um, ob ihm nicht doch noch einer hinterhergerannt käme.

Nun hatten die Schildbürger aber vergessen zu fragen, was denn der Maushund sonst noch so fresse. Also schickten sie dem Wanderer einen Boten hinterher. Der erschrak, als er den Verfolger sah, und beschleunigte seine Schritte. Da rief der Schildbürger von Ferne: »Was frisst er denn?« »Was man ihm geit (gibt)!«, schrie der Wanderer, der Schildbürger aber verstand: »Vieh und Leut'«, und kehrte erschrocken nach Schilda zurück. In der Ratsversammlung herrschte darob große Aufregung: »Wenn der Maushund alle Mäuse vertilgt hat, wird er sich über unser Vieh und schließlich über uns selbst hermachen. Wir müssen ihn aus dem Weg räumen.« Aber an das Tier traute sich keiner heran. Also beschlossen sie, es auszuräuchern, die Burg mitsamt dem Getreide niederzubrennen. Der Schaden wäre immer noch kleiner, als wenn sie alle ums Leben kommen sollten.

Als die Katze das Feuer roch, sprang sie aus dem Burgfenster und versteckte sich in einem der nächstgelegenen Schildbürgerhäuser. Also musste auch dieses Haus angezündet werden, die Katze sprang aufs nächste Hausdach und putzte sich. Die Schildbürger sprachen: »Schaut her, sie schwört uns schon Rache!« Ein anderer wollte darauf mit einem langen Spieß nach ihr stechen, aber sie wich ihm aus und lief einfach am Stiel der Waffe herunter. Nun brach endgültig Panik aus, die Schildbürger flohen in den Wald, das Feuer konnte ungestört wüten. Schilda brannte bis auf die Grundmauern nieder. Weil aber bei dem Feuer auch ihre Schreibstube zerstört wurde, sind über die Schildbürger und ihre Abenteuer keine schriftlichen Aufzeichnungen mehr vorhanden.

Sie hatten Hab und Gut verloren, ihre Häuser lagen in Schutt und Asche. Der Maushund jedoch, der solch fürchterlichen Schwur getan hatte, lebte immer noch. Was sollten sie nun tun? Da beschlossen die Schildbürger, ihre Heimat zu verlassen, zogen hinaus in die Welt, der eine hierhin, der andere dorthin. Schilda gibt es nicht mehr, aber Torheit und Narretei leben fort, vielleicht zu Teilen sogar in dir oder mir?

Wem Gott gibt daß er ist klug vnd weys/
Weys vnd klug z'bleiben sich befleiß.
Wer sich selbs thut zum Narren machen/
Desselben soll man billich lachen.
Wart biß das Alter kommt mit Fug/
Du wirst als dann noch kindtlich gnug

Zu dieser Ausgabe

»O Schilda, mein Vaterland!«
Heinrich Heine

»Das Lalebuch« ist 1597 in Straßburg erstmals gedruckt worden: »Wunderseltzame, Abentheuerliche, unerhörte, und bißher unbeschriebene Geschichten und Thaten der Lalen zu Lalenburg.« Es wird zu den großen deutschen Volksbüchern gezählt wie der »Thyl Vlenspiegel« (1515) oder die »Historia von D. Johann Fausten« (1587). »Das Lalebuch«? Nur ein Jahr nach der Publikation der Erstausgabe, das Buch erfreute sich großer Beliebtheit, erschien ein Nachdruck, der am Text Änderungen vornahm, die vor allem die Vorrede, das erste Kapitel und eben den Titel des Werkes betrafen, er lautete nun »Das Schiltbürgerbuch«.

Wir kennen den Verfasser des »Lalebuchs« nicht, aber Untersuchungen zum Wortschatz und zur Sprachform legen nahe, dass er in der Nähe des Druckortes im nördlichen Elsass gelebt haben muss. In der Vorrede werden die Lalen als von griechischer Herkunft beschrieben. Ein Lale sei ein »Schwätzer«, ein einfältiger Mensch oder Narr. Laleburg liege im Kaiserreich Utopia »hinter kalekut«, also an einem sehr weit entfernten Ort. Seine Bewohner seien ursprünglich »Berater«, weise Leute gewesen, die sich, um ihr eigenes Gemeinwesen zu retten, als Narren ausgaben, bis sie schließlich an ihrer imaginierten Narrheit zugrunde gingen. Ob der anonyme und gelehrte Autor Thomas Morus' Werk gekannt hat, wissen wir nicht, aber er hat den Nicht-Ort (»Utopia«) in seinem Buch in ein Land verwandelt, das überall sein könnte.

Warum wurden aus den Lalen Schildbürger? Eigentlich war das Tragen eines Schild-Wappens ein Privileg des Adels, aber im 16. Jahrhundert begann auch das Bürgertum, sich mit Familienwappen zu schmücken. »Daß solche Wappenmode Anlaß zum Spott werden konnte, ist leicht einzusehen – ebenso, daß diese Mode von Adligen (...) nicht gern gesehen und als Standeshybris, als Narrheit aufgefaßt wurde.« (Stefan Ertz) Man darf annehmen, dass der Bearbeiter des Urtextes das »Fremdwort« Lale durch die Bezeichnung »Schiltbürger« ersetzt hat, um den Lesern die Narretei der Protagonisten noch offensichtlicher zu machen.

Die Schildbürgergeschichten sind zu Teilen aus anderen, bereits publizierten Schwanksammlungen übernommen und bearbeitet worden, etwa aus Jörg Wickrams »Rollwagenbüchlein«. Im »Lalebuch« sind sie »unzimperlich, handfest, saftig, bisweilen grob« (Hermann Bausinger) nacherzählt worden, verzichten aber auf die »groben Zoten«, die in den überlieferten Schwänken üblich waren. Durch die Vorrede, die geschickte Reihung der Geschichten und ihre dramaturgische Fügung entsteht am Ende »eine Art komischer Schöpfungsgeschichte der Narrheit«. (Walter Heise)

Zu Beginn des Textes heißt es: »Der Apffel felet nicht weit vom Stammen: / Das Kind behelt deß Vatters Nammen.« Und weiter: »Dann auch sie in jhrer lieben Voraeltern fußstaffeln getretten / darinnen verharret / vnnd davon mit nichten abgewichen: biß sie die grosse noht (...) davon abgetrieben.« Die literaturwissenschaftliche Rezeption hat daraus geschlossen, dass der Verfasser des »Lalebuchs« den Untergang der Lalen in deren Anmaßung gesehen haben mag, dass sie »einen guten Burgermut (hatten), ob sie schon nur Bawren waren«, also letztlich gegen die bestehende spätmittelalterliche Ständeordnung verstießen. »Schon die ersten närrischen Streiche sorgen dafür, daß der Ruf ihrer Narrheit den ihrer früheren Weisheit übertrifft, und daß sie unter dem Schutz erborgter Torheit die langersehnte Ruhe und Sicherheit finden. Aber das Glück, das die simulierte Torheit schenkt, ist trügerisch; der scheinbar weise Ratschluß entpuppt sich als ein törichter. Denn durch die Komödie der Narrheit, die sie der Welt vorspielen, werden sie – und das ist die Pointe der Geschichte – ganz allmählich zu wirklichen, echten Narren« (Hans-Günter Schmitz).

Was macht den Charme und Reiz der Geschichten aus? Weshalb waren »Die Schildbürger« ein so großer

Erfolg beim Publikum mit vielen Nachdrucken bis ins ausgehende 17. Jahrhundert, weiteren Bearbeitungen und erweiterten Fassungen im 18. und 19. Jahrhundert (etwa durch Ludwig Tieck, Gustav Schwab, Karl Simrock) und schließlich illustrierten Kinderbüchern im 20. Jahrhundert, deren Nacherzählungen von Erich Kästner oder Otfried Preußler stammten? War es nur Schadenfreude des Lesers, der sich der eigenen Klugheit durch das dargestellte Narrentum versichern kann? Oder ahnte er im Stillen die Verwandtschaft von menschlicher Weisheit und Narretei?

In unseren Tagen konkurrieren mehrere Städte darum, das historische Vorbild für Schilda abzugeben. Im sächsischen Schildau bei Meißen (»Misnopotamia«) gibt es bereits ein Museum, dort heißt es: »Wir begrüßen Sie im einzigen Schildbürgermuseum Europas an den Originalschauplätzen der Schildbürgerstreiche.« Nein, Schilda ist überall.

INHALT

 Bezugspapier: Katrin Stangl, Köln. Gesetzt in der Schrift Utopia STd. Gedruckt auf holzfreies, alterungsbeständiges Werkdruckpapier der Firma Cordier, Bad Dürkheim, von der Memminger MedienCentrum AG. Gebunden in Fadenheftung von der Conzella Verlagsbuchbinderei GmbH & Co KG, Aschheim-Dornach. Printed in Germany.

ISBN 978-3-458-20041-3